Hopfen und Malz

Papas leckere Bierrezepte

G. Poggenpohl

Hopfen und Malz

Papas leckere Bierrezepte

EDITION XXL

Vorwort

Dort, wo es menschliche Zivilisation gab, gab es auch Bier. Schon die Babylonier, Sumerer und Ägypter kannten diesen Trunk. In Europa wird Bier das Getränk der Barbaren genannt, gemeint sind damit unsere Vorfahren, die alten Germanen.

Die ältesten nachweisbaren Überlieferungen für die Bierherstellung stammen aus dem 4. Jahrtausend vor Christi aus dem Lande der Sumerer. Das Land der Sumerer lag zwischen Euphrat und Tigris. Wohl eher durch einen Zufall entdeckten die Sumerer – oder sogar deren Vorfahren, ganz genau weiß das heute keiner mehr – den Gärungsprozess.

Als Karl der Große im Jahre 800 n. Chr. deutscher Kaiser wurde, gab es alleine in Bayern 300 Klöster, von denen einige schon seit 150 Jahren Bier brauten.

Was lag also näher, das Bier nicht nur zu trinken, sondern es auch zum Kochen zu verwenden. Bier gibt den Speisen einen unnachahmlichen Geschmack. Darüber hinaus verleiht es dem Fleisch beim Braten eine schöne, braun glänzende Farbe.

Keine Angst, dass Sie sich an den Speisen berauschen könnten, der Alkohol verfliegt nämlich beim Kochen. Auch müssen Sie sich um Ihre Kinder keine Sorgen machen – der Geschmack des Bieres wird durch die Zutaten so verändert, dass er nicht mehr erkennbar ist.

In diesem Kochbuch habe ich für Sie interessante und leckere Rezepte zusammengestellt, die Sie begeistern werden.

Ihr G. Poggenpohl

Inhalt

Ratgeber	10
Pikante Suppen	12
Herzhafte Brotzeiten	18
Deftige Leibgerichte	30
Süßes zum Schluss	78
Register	84

Ratgeber

BIER

Entsteht durch die alkoholische Gärung aus Malz, Hopfen und Wasser. Bei untergärigen Bieren wird nur Gerstenmalz verwendet, für obergärige Sorten nimmt man auch Roggen-, Weizen- oder Dinkelmalz. Bier besteht aus Kohlenhydraten, Eiweiß, Mineralstoffen, Kohlensäure, Alkohol und zu 90 Prozent aus Wasser.

Die Stammwürze bezeichnet den Anteil der aus dem Malz gelösten Stoffe in der noch unvergorenen Würze. Das sind vor allem Malzzucker, Eiweiß, Vitamine, Mineralien und Aromastoffe. Bei der Gärung entstehen daraus mithilfe von Hefe ca. ein Drittel Alkohol, ein Drittel Kohlensäure und ein Drittel Restextrakt.

Je höher der Stammwürzegehalt, desto stärker das Bier. Die meisten Biere in Deutschland sind Vollbiere mit einer Stammwürze zwischen 11 und 16 Prozent. Der Alkoholgehalt liegt dann zwischen 4,5 und 5,5 Volumenprozent.

OBERGÄRIG ODER UNTERGÄRIG

Dabei kommt es auf die Hefe und die Gärungstemperatur an. Die obergärige Brauweise ist die ältere Methode. Die Gärung erfolgt bei Temperaturen zwischen 15 und 20° C.
Untergärige Hefe benötigt Temperaturen zwischen 4 und 9° Celsius und setzt sich nach der Gärung am Boden des Gärgefäßes ab. Dies war früher nur in Gegenden möglich, die das ganze Jahr über viel Natureis zur Verfügung hatten.

DIE FARBE DES BIERES

Wird allein durch die Farbe des Malzes bestimmt. Je höher die Temperatur ist, bei der das Malz getrocknet – „gedarrt" – wird, desto dunkler wird es und gibt die Farbe während des Brauprozesses an das Bier weiter.

Vor der Einführung der Heißluft-Darre wurde Malz über dem offenen Feuer getrocknet. Die Temperatur war kaum zu beeinflussen und die Malze waren alle mehr oder weniger dunkel. Eine ausgefeiltere Mälztechnik machte es dann Anfang des 19. Jahrhunderts möglich, die Malzfärbung zu steuern und helleres Bier zu brauen.

Die Kalorien im Bier halten sich in Grenzen. Im Schnitt hat ein Liter Bier einen Brennwert von 380 Kalorien und kann es damit durchaus mit anderen Getränken aufnehmen. Bier macht also – in Maßen genossen – nicht dick.

BOCK(-BIER)

Vollmundiges Starkbier mit rund 7 % Alkohol. Die Farbpalette reicht von goldfarben über goldbraun bis braun. Das Bockbier ist ein Saisonprodukt, dessen Herstellung an bestimmte Jahreszeiten oder Anlässe gekoppelt ist. Daher die Namen wie Maibock oder Festbock.

DUNKLES LAGERBIER

Untergäriges Vollbier, vollmundig, leicht gehopft, malzaromatisch. Die dunkle Farbe rührt von der Verwendung dunklen Malzes des Münchener Typs her. Das Hauptverbreitungsgebiet ist Bayern.

Ratgeber

EXPORT (Dortmunder Export)
Malzaromatisches, untergäriges Vollbier mit rund 5,5 % Alkohol. Das Dortmunder Export gehört eigentlich zu den hellen Lagerbieren.

HELLES LAGERBIER
Untergäriges, blankes Vollbier von hellgelber Farbe mit 4,6 bis rund 5 % Alkohol. Nicht so bitter, dafür malzaromatisch, teilweise ein wenig süß. Der Name entstammt aus dem deutschen Wort Lager, weil es vergleichsweise länger lagerfähig ist als andere Biere.

PILS(ENER)
Das meistgetrunkene Bier Deutschlands. Pilsener Biere sind untergärige Vollbiere. Hopfenbetont, schlank und spritzig im Geschmack mit feinem Schaum.

SCHWARZBIER
Das Schwarzbier ist ein spritziges, untergäriges Vollbier mit ca. 5 % Alkohol. Die Geschmackscharakteristika sind uneinheitlich. Die dunkle Farbe erhält das Schwarzbier durch die Verwendung dunkler (Röst-)Malze.

ALT(-BIER)
Obergäriges Vollbier mit etwa 4,8 % Alkohol. Hopfenbetont und von dunkler Bernsteinfarbe. Wird hauptsächlich in Düsseldorf und am Niederrhein getrunken, einige Marken sind jedoch auch bundesweit erhältlich.

BERLINER WEISSE
Ein obergäriges Schankbier. Spritzig, leicht trüb und säuerlich. Hauptverbreitung in Berlin und Umgebung. Die Berliner Weiße hat ca. 2,8 % Alkohol und wird aus Gersten- und Weizenmalz gebraut.

KÖLSCH
Obergärig, mit ca. 4,8 % Alkohol – getrunken aus so genannten Kölner Stangen. Kölsch ist ein helles blankes Vollbier.

WEIZENBIER / WEISSBIER
Obergäriges Vollbier mit etwa 5,5 % Alkohol und fruchtigem Geschmack. Der Weizenmalzanteil beträgt mindestens 50 Prozent, der Rest ist Gerstenmalz. Einige Weizenbiere sind aus reinem Weizenmalz hergestellt. Weizenbier gilt als bayerische Spezialität, hat aber längst einen bundesweiten Siegeszug angetreten.

Pikante Suppen

Zutaten:

300 g Kürbis
50 g Butter
30 g Mehl
500 ml Pils
500 ml Geflügelbrühe
100 ml süße Sahne
20 g Kürbiskerne
Muskatnuss
Salz
Pfeffer

Zubereitung:

1. Den Kürbis schälen und in Würfel schneiden.

2. Die Butter in einem Topf schmelzen, die Kürbisstücke darin anbraten, mit dem Mehl bestreuen, mit der Brühe und dem Pils aufgießen. Die Suppe ca. 15 Minuten köcheln.

3. Die Kürbiskerne in einer Pfanne ohne Fett anrösten.

4. Die Suppe mit einem Pürierstab pürieren, die Sahne unterziehen und mit Muskat, Salz und Pfeffer abschmecken. Die Suppe in Teller geben und die Kürbiskerne darüber streuen.

Bierschaumsuppe mit Kürbis

Pikante Suppen

Zutaten:

500 ml Bier (z. B. Hefe-Weißbier)
100 g Griebenschmalz
1 Zwiebel
1 Stange Lauch
200 g Weißbrot
1 l Rinderbrühe
Salz
Pfeffer

Zubereitung:

1. Die Zwiebel schälen und fein hacken, den Lauch putzen und in Ringe schneiden. Das Weißbrot in Würfel schneiden.

2. Mit der Hälfte des Schmalzes die Brotstücke anrösten und aus dem Topf nehmen. Das restliche Schmalz in den Topf geben, die Zwiebeln und den Lauch darin anbraten.

3. Mit der Rinderbrühe und dem Bier aufgießen, die Brotwürfel dazugeben und ca. 5 Minuten köcheln. Die Suppe mit Salz und Pfeffer abschmecken.

Aufgeschmalzte Brotsuppe

Pikante Suppen

Zutaten:

500 ml Milch
250 ml süße Sahne
500 ml helles Bier
4 EL Zucker
100 g Rosinen
1 EL Speisestärke
3 Eigelb
1 TL Zimt
Salz

Zubereitung:

1. Die Speisestärke mit etwas Milch glatt rühren. Die Milch, die Sahne, das Bier und den Zucker in einem Topf erhitzen. Die Rosinen und die Speisestärke unterrühren und einmal aufkochen.

2. Die Suppe mit Zimt und Salz abschmecken. Die Eigelbe unterziehen und die Suppe servieren.

3. Tipp: Mit gerösteten Brotstücken bestreut schmeckt diese Suppe besonders gut.

Altdeutsche Biersuppe

Herzhafte Brotzeiten

Zutaten:

1 kg weißer Spargel
1 Karotte
2 Schalotten
1/2 Stange Lauch
100 ml Pils
2 EL Limettensaft
4 EL Olivenöl
1 EL Honig
500 g Fischfilets (z. B. Forelle, Seezunge, Scholle)
2 EL Butter
1 TL Zucker
Zitronensaft
Salz
Pfeffer

Zubereitung:

1. Den Spargel schälen und in Salzwasser mit je einem Teelöffel Butter und Zucker ca. 15 Minuten kochen.

2. Die Schalotten schälen und sehr fein hacken. Die Karotte und den Lauch putzen und in kleine Würfel schneiden.

3. Das Gemüse mit dem Bier ca. zwei Minuten kochen. Vom Herd nehmen, den Limettensaft, das Öl und den Honig unterrühren, mit Salz und Pfeffer abschmecken.

4. Den Spargel in mundgerechte Stücke teilen und mit der Marinade vermischen. Der Spargelsalat sollte ca. eine Stunde ziehen.

5. Die Fischfilets mit Salz, Zitronensaft und Pfeffer würzen. Die Butter in einer Pfanne schmelzen und den Fisch bei geringer Hitze braten.

6. Die Fischfilets auf dem Spargelsalat servieren.

Fischfilets auf Spargelsalat

Herzhafte Brotzeiten

Zutaten:

500 g geschnittener Braten
2 Eier
Verschiedenes Gemüse (z. B. Tomaten, Radieschen, Maiskolben, Schnittlauch usw.)
1 l Bier (z. B. bayerisches Bier)
1 TL Senfkörner
1 TL Pimentkörner
1 TL Pfefferkörner
1 Lorbeerblatt
1 Bund gemischte Kräuter
4 EL Bieressig
6 Blätter Gelatine
Salz

Zubereitung:

1. Die Gemüse putzen und in Stücke schneiden. Die Gelatine in kaltem Wasser einweichen. Die Eier hart kochen, schälen und in Scheiben schneiden.

2. Das Bier in einem Topf erhitzen, die Kräuter und die Gewürze zugeben und alles ca. 10 Minuten köcheln. Den Biersud durch ein Sieb abschütten, mit Salz und Essig abschmecken und die eingeweichte Gelatine darin auflösen.

3. Die Teller mit dem Braten, dem Gemüse und den Eiern dekorativ belegen. Den Sud darüber gießen und erstarren lassen.

4. Tipp: Die Tellersülze schmeckt auch mit einer Marinade aus Essig, Öl, Salz und Pfeffer.

Tellersülze

Herzhafte Brotzeiten

Zutaten:

500 g Braten
2 Karotten
1/2 Stange Lauch
2 EL Butter
500 ml Bier (z. B. bayerisches Bier)
1 TL Senfkörner
1 TL Pimentkörner
1 TL Pfefferkörner
1 Lorbeerblatt
1 Bund gemischte Kräuter
4 EL Bieressig
Salz, Pfeffer
6 Blätter Gelatine

Für die Soße:
3 Eigelb, 2 EL Meerrettich
1 EL Essig
Salz, Pfeffer
150 ml Bier

Zubereitung:

1. Die Karotten und den Lauch putzen und in feine Würfel schneiden. Den Braten in Scheiben und dann in kleine Würfel schneiden. Die Gelatine in kaltem Wasser einweichen.

2. Die Butter in einem Topf schmelzen und das Gemüse nacheinander darin anbraten.

3. Das Bier in einem Topf erhitzen, die Kräuter und die Gewürze zugeben und alles ca. 10 Minuten köcheln. Den Biersud durch ein Sieb abschütten, mit Salz, Pfeffer und Essig abschmecken und die eingeweichte Gelatine darin auflösen.

4. Eine geeignete Form mit Frischhaltefolie auslegen, das Fleisch abwechselnd mit dem Gemüse in die Form geben. Den lauwarmen Sud vorsichtig über das Fleisch und das Gemüse gießen und erstarren lassen.

5. Die Eigelbe in einer Schüssel mit dem Meerrettich schaumig aufschlagen. Die Schüssel in ein warmes Wasserbad setzen – das Wasser darf nicht kochen –, das Bier und den Essig nach und nach einrühren. Die Soße mit Salz und Pfeffer abschmecken.

6. Die in Scheiben geschnittene Fleischterrine auf Salat mit der Meerrettichsoße servieren.

Fleischterrine mit Meerrettichsoße

Herzhafte Brotzeiten

Zutaten:

100 ml Bier (z. B. Weißbier)
200 g Camembert
200 g Brie
1 Zwiebel
Paprikapulver
Salz
Pfeffer

Zubereitung:

1. Den Camembert und den Brie mit dem Bier in der Küchenmaschine zu einer cremigen Masse verarbeiten.

2. Die Creme mit Paprika, Salz und Pfeffer abschmecken. Die Zwiebel in feine Würfel schneiden und unterheben.

3. Tipp: Der „Obatzde" schmeckt gut zu kräftigem Sauerteigbrot oder Brezen.

Münchner Obatzder

Herzhafte Brotzeiten

Zutaten:

300 g Mehl
20 g Hefe
200 ml Bier (z. B. Hefe-Weißbier)
3 EL Öl
1 TL Salz
1 kleine Dose Sauerkraut
200 g Schwarzwurst (Blutwurst)
100 g geriebener Emmentaler

Zubereitung:

1. Das Bier handwarm erhitzen und die Hefe einbröseln. Aus dem Mehl, der Hefebiermischung, dem Öl und dem Salz einen Teig herstellen und an einem warmen Ort zugedeckt gehen lassen. Der Teig sollte sich verdoppeln.

2. Den Backofen auf 200° C vorheizen. Die Schwarzwurst in feine Stücke schneiden.

3. Den Teig auf einer bemehlten Arbeitsfläche sehr dünn ausrollen. Auf ein gefettetes Backblech legen und dünn mit dem Käse, dem Sauerkraut und der Schwarzwurst bestreuen. Im Backofen ca. 15 Minuten backen.

4. Tipp: Der Flammkuchen wird besonders knusprig, wenn Sie ihn auf einem gelochten Pizzablech backen.

Flammkuchen

Herzhafte Brotzeiten

Zutaten:

600 g frische Champignons
1 Zitrone
3 Knoblauchzehen
3 EL Mehl

Für den Bierteig:
150 g Mehl
1 Ei
1 Eigelb
125 ml Bier (z. B. Pils)
Salz
Pfeffer
Butterschmalz zum Ausbacken

Zubereitung:

1. Das Mehl, das Ei und das Eigelb mit dem Bier zu einem glatten, nicht zu dünnen Teig verrühren. Mit Salz und Pfeffer abschmecken, etwas ruhen lassen.

2. Die Knoblauchzehen schälen und fein hacken. Die Champignons putzen, mit Zitronensaft beträufeln und mit Knoblauch, Salz und Pfeffer würzen.

3. Die Champignons in Mehl wälzen, durch den Bierteig ziehen, sofort ins heiße Butterschmalz geben und schwimmend goldgelb ausbacken.

4. Die Champignons noch warm mit Crème fraîche auf Salat servieren.

Deftige Leibgerichte

Zutaten:

8 Hühnerkeulen
4 EL Mehl
1 EL Paprikapulver
Salz, Pfeffer

Für den Bierteig:
150 g Mehl
1 Ei
1 Eigelb
125 ml Bier (z. B. Pils)
Salz
Pfeffer
Butterschmalz zum
Ausbacken

Zubereitung:

1. Das Mehl, das Ei und das Eigelb mit dem Bier zu einem glatten, nicht zu dünnen Teig verrühren. Mit Salz und Pfeffer abschmecken, etwas ruhen lassen.

2. Die Hühnerkeulen waschen und mit einem Küchentuch trockentupfen. Mit Paprikapulver, Salz und Pfeffer würzen.

3. Die Hühnerkeulen in Mehl wälzen, durch den Bierteig ziehen, sofort ins mäßig heiße Butterschmalz geben und schwimmend ca. 15 Minuten goldgelb ausbacken.

4. Die Keulen mit einer Grillsoße auf Salat servieren.

Hühnerkeulen in Bierteig

Deftige Leibgerichte

Zutaten:

500 g Schweineleber
4 Äpfel
Mehl
2 EL Öl
500 ml dunkles Bier
50 ml süße Sahne
1 TL Speisestärke
Salz, Pfeffer

Zubereitung:

1. Die Äpfel abwaschen und in Spalten schneiden. Die Schweineleber in dünne Schnitzel schneiden und in Mehl wenden.

2. Das Öl in einer Pfanne erhitzen und die Leber darin von beiden Seiten ca. drei Minuten braten. Dann die Leber aus der Pfanne nehmen und warm stellen.

3. Die Sahne mit der Speisestärke glatt rühren. Mit dem Bier den Bratensatz loskochen, die Sahne einrühren, aufkochen und dann die Apfelspalten dazugeben. Die Soße mit Salz und Pfeffer abschmecken, die Leber würzen und mit der Soße servieren.

Leber in Apfel-Biersoße

Deftige Leibgerichte

Zutaten:

500 g Rinderleber
2 EL Butter
1 rote Paprikaschote
1 gelbe Paprikaschote
1 Bund Frühlingszwiebeln
4 Sternanis
1 EL Honig
2 EL Mehl
500 ml dunkles Bier
Salz
Pfeffer

Zubereitung:

1. Die Leber in Würfel schneiden, das Gemüse putzen und in mundgerechte Stücke teilen.

2. Die Leberstücke mit Mehl bestäuben, die Butter in der Pfanne schmelzen und die Leber mit dem Gemüse darin anbraten.

3. Mit dem Bier aufgießen, den Honig und den Sternanis zugeben und alles ca. 10 Minuten köcheln. Mit Salz und Pfeffer abschmecken.

4. Tipp: Dazu passen Petersilienkartoffeln und ein knackiger Feldsalat.

Bierleber

Deftige Leibgerichte

Zutaten:

250 ml Pils
2 Bund gemischte Kräuter
4 Knoblauchzehen
2 EL scharfer Senf
Salz
Pfeffer

Zubereitung:

1. Die Kräuter abbrausen und ausschütteln. Die Knoblauchzehen schälen.

2. Alle Zutaten in eine Küchenmaschine geben und mit Intervall zu einem Pesto verarbeiten. Das Pesto mit Salz und Pfeffer abschmecken.

3. Zum Beizen sollte das Fleisch ca. 24 Stunden darin eingelegt werden, wenn möglich, an einem kühlen Ort oder im Gemüsefach des Kühlschranks.

Bierbeize

Deftige Leibgerichte

Zutaten:

1,5 kg Spareribs
250 ml dunkles Bier
250 ml Malzbier
4 Knoblauchzehen
1/2 Tube Tomatenmark
1 TL scharfes Paprikapulver
1 TL gemahlener Pfeffer
1/2 TL Salz

Zubereitung:

1. Die Knoblauchzehen schälen und hacken. Das Bier mit dem Knoblauch, dem Tomatenmark, dem Paprikapulver, dem Pfeffer und dem Salz verrühren.

2. Die Spareribs wenn nötig zerteilen und mit der Marinade in eine Schüssel legen. Das Fleisch sollte ca. 8 Stunden eingelegt bleiben.

3. Die Spareribs im Backofen unter dem Grill ca. 20 Minuten braten, immer wieder mit der verbliebenen Marinade einpinseln.

Marinierte Spareribs

Deftige Leibgerichte

Zutaten:

600 g Schnitzelfleisch
2 EL Mehl
1 Zwiebel
2 Knoblauchzehen
2 EL Bratfett
500 ml Altbier
1 EL Zucker
2 EL Bieressig
1 Bund Kräuter (Thymian, Petersilie, Majoran usw.)
Salz
Pfeffer

Zubereitung:

1. Die Zwiebel und den Knoblauch schälen und hacken. Die Kräuter abbrausen, ausschütteln und hacken.

2. Die Schnitzel in Streifen schneiden, mit Salz und Pfeffer würzen, mit Mehl bestäuben und in einem Topf mit dem Fett anbraten.

3. Die Zwiebel und den Knoblauch zugeben, mitbraten und dann mit dem Bier aufgießen, auf die Hälfte einreduzieren. Die Kräuter einrühren, mit Zucker, Essig, Salz und Pfeffer abschmecken.

4. Tipp: Dazu schmeckt Reis sehr gut.

Flämisches Bierfleisch

Deftige Leibgerichte

Zutaten:

500 g Weißkohl
500 g Schweinebauch
3 Äpfel
3 Kartoffeln
1 Zwiebel
40 g Schmalz
2 EL Zucker
500 ml Bier
3 EL Bieressig
1 TL Kümmel
2 Lorbeerblätter
4 Wacholderbeeren
Salz
Pfeffer

Zubereitung:

1. Die äußeren Blätter des Weißkohls entfernen, den Weißkohl in Streifen schneiden.

2. Das Fleisch in Würfel schneiden, die Kartoffeln schälen und in mundgerechte Stücke teilen. Die Zwiebel schälen und fein hacken.

3. Den Schweinebauch mit dem Schmalz in einem Topf anbraten, den Weißkohl, die Zwiebel, die Kartoffeln und die Gewürze zugeben, mit dem Bier aufgießen und das Ganze ca. 20 Minuten köcheln.

4. Die Äpfel waschen, entkernen und in Stücke schneiden. Die Apfelstücke unter das Bierkraut mischen, kurz durchziehen lassen, mit Salz und Pfeffer abschmecken.

Bierkraut mit Schweinebauch

Deftige Leibgerichte

Zutaten:

4 Koteletts
3 EL Mehl
3 EL Bratfett
1 rote Paprikaschote
1 gelbe Paprikaschote
1 grüne Paprikaschote
4 Tomaten
1 Bund Frühlingszwiebeln
2 EL Tomatenmark
250 ml Pils
Paprikapulver, edelsüß
Salz
Pfeffer

Zubereitung:

1. Die Koteletts in eine Schüssel legen, mit dem Bier übergießen, ca. zwei Stunden marinieren.

2. Die Koteletts aus dem Bier nehmen, trockentupfen, mit Salz, Pfeffer und Paprikapulver würzen, in Mehl wenden.

3. Das Gemüse waschen und in mundgerechte Stücke teilen.

4. Das Bratfett in einer Pfanne erhitzen und die Koteletts von beiden Seiten ca. 7 Minuten braten, aus der Pfanne nehmen und warm stellen.

5. Das Tomatenmark in der Pfanne anrösten, das Gemüse zugeben, kurz anbraten und mit dem Bier aufgießen. Mit Salz und Pfeffer abschmecken.

6. Die Koteletts auf dem Gemüse servieren.

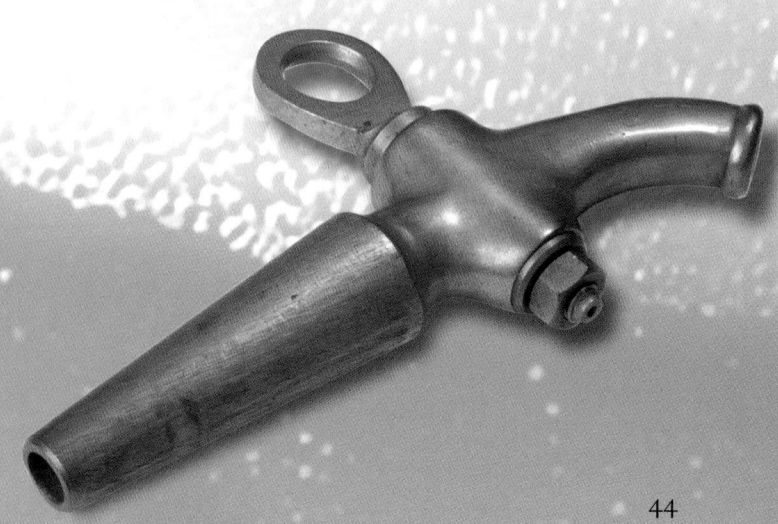

Bierkoteletts

Deftige Leibgerichte

Zutaten:

150 g Rindfleisch
150 g Schweinebauch
100 g geräucherter Speck
1 l Altbier
1/2 Weißkohl
2 Karotten
1 Stange Lauch
4 Kartoffeln
1/4 Sellerieknolle
2 Knoblauchzehen
2 Zwiebeln
1 Kohlrabi
2 Petersilienwurzeln
4 Pimentkörner
2 Lorbeerblätter
1 Bund gemischte Kräuter
Salz
Pfeffer

Zubereitung:

1. Das Fleisch und den Speck in Würfel schneiden. Das Gemüse putzen, die Zwiebeln, die Knoblauchzehen und die Kartoffeln schälen.

2. Das Gemüse und die Kartoffeln in mundgerechte Stücke teilen. Die Zwiebeln und den Knoblauch fein hacken. Die Kräuter abbrausen, ausschütteln und hacken.

3. Alle Zutaten außer den Kräutern in einen Topf geben und ca. 60 Minuten köcheln.

4. Zum Schluss die Kräuter einrühren, mit Salz und Pfeffer abschmecken.

Belgischer Biereintopf

Deftige Leibgerichte

Zutaten:

300 g Rindfleisch
300 g Schweinebauch
2 Zwiebeln
2 Knoblauchzehen
500 g Kartoffeln
1 Stange Lauch
Butter
500 ml Exportbier
Muskat
Salz
Pfeffer

Zubereitung:

1. Das Fleisch in Würfel schneiden. Die Zwiebeln und die Knoblauchzehen schälen und fein hacken.

2. Den Lauch putzen, halbieren, waschen und in Streifen schneiden. Die Kartoffeln schälen und in Scheiben hobeln.

3. Eine feuerfeste Form (mit Deckel) mit Butter ausstreichen. Das Fleisch abwechselnd mit den Zwiebeln, dem Knoblauch, dem Lauch und den Kartoffelscheiben in die Form legen.

4. Jede Schicht mit Salz, Muskat und Pfeffer würzen. Die restlichen Kartoffeln auf dem Auflauf verteilen. Das Bier seitlich eingießen, die Form mit dem Deckel verschließen und das Gericht im Backofen bei 180° C ca. 1 1/2 Stunden garen.

Bäckerofen

Deftige Leibgerichte

Zutaten:

1 1/2 kg Schweineschulter mit Schwarte
1 Karotte
1 Zwiebel
1 Knoblauchzehe
1/4 Sellerieknolle
1/2 Stange Lauch
1 l bayerisches Bier
2 EL Bratfett
1 EL Speisestärke
Paprikapulver, edelsüß
Salz
Pfeffer

Zubereitung:

1. Die Schwarte der Schweineschulter mit einem scharfen Messer rautenförmig einschneiden und mit Paprika, Salz und Pfeffer würzen.

2. Das Gemüse putzen und grob zerteilen.

3. Das Fleisch mit der Schwarte nach oben in einen Bräter geben, das Fett und das Gemüse um das Fleisch verteilen, im Backofen bei 180° C ca. 1 1/2 Stunden braten. Immer wieder mit dem Bier begießen.

4. Das Fleisch aus dem Bräter nehmen und warm stellen. Den Bratensaft durch ein Sieb abgießen. Das restliche Bier mit der Speisestärke glatt rühren, zu der Soße geben, einmal aufkochen, mit Salz und Pfeffer würzen.

5. Tipp: Servieren Sie den Braten mit Krautsalat und Knödeln.

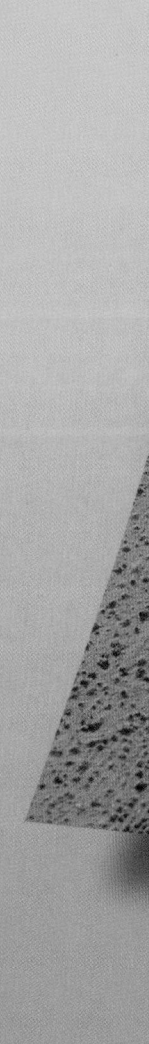

Bierkrustenbraten

Deftige Leibgerichte

Zutaten:

1 Brötchen vom Vortag
500 ml dunkles Bier
2 rote Paprikaschoten
2 grüne Paprikaschoten
2 gelbe Paprikaschoten
500 g gemischtes Hackfleisch
2 Eier
2 EL Öl
1 Zwiebel
200 ml süße Sahne
Edelsüß-Paprika
Salz
Pfeffer

Zubereitung:

1. Das Brötchen in Würfel schneiden und ca. 20 Minuten in 250 ml Bier einweichen.

2. Die Paprikaschoten putzen und waschen, 1/3 davon in kleine Würfel schneiden. Das Brötchen gut ausdrücken, mit dem Hackfleisch, den Paprikawürfeln und den Eiern zu einer glatten Masse verkneten. Mit Salz, Pfeffer und Paprika würzen.

3. Mit angefeuchteten Händen 8 Hacksteaks formen. Das Öl in einer Pfanne erhitzen und das Fleisch darin bei mittlerer Hitze von beiden Seiten 7 Minuten braten, aus der Pfanne nehmen und warm stellen.

4. Inzwischen die Zwiebel schälen und in feine Streifen schneiden. Restliche Paprikaschoten in mittelgroße Rauten schneiden.

5. Die Zwiebelstreifen und die Paprikarauten in die Pfanne geben, anbraten und mit dem restlichen Bier ablöschen, ca. 5 Minuten köcheln. Die Sahne einrühren, mit Salz und Pfeffer würzen.

6. Die Hacksteaks auf dem Gemüse servieren.

Paprika-Bier-Hacksteaks

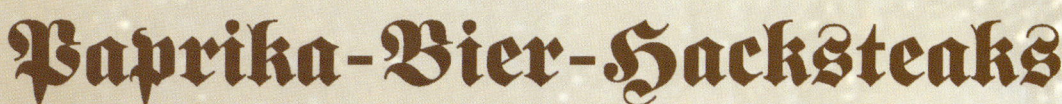

Deftige Leibgerichte

Zutaten:

4 Putenschnitzel
100 g frischer Spinat
4 Knoblauchzehen
2 Karotten
3 Schalotten
2 EL Butter
500 ml Bier
125 ml süße Sahne
1 EL Speisestärke
Muskat
Salz
Pfeffer

Zubereitung:

1. Den Spinat verlesen, waschen und in kochendem Wasser blanchieren. Die Spinatblätter abschrecken und auf einem Küchentuch abtropfen lassen.

2. Die Knoblauchzehen sowie die Schalotten schälen und beides fein hacken. Die Karotten putzen und in Scheiben schneiden.

3. Die Schnitzel auslegen, mit Salz und Pfeffer würzen. Die Spinatblätter auf den Schnitzeln verteilen, den Knoblauch darüber streuen und mit etwas Muskat würzen. Die Schnitzel zu Rouladen formen, mit je einem Zahnstocher verschließen.

4. Die Butter in einem Topf schmelzen und die Rouladen darin von allen Seiten anbraten. Das Gemüse zugeben, mit dem Bier aufgießen. Bei geschlossenem Deckel ca. 30 Minuten dünsten.

5. Die Speisestärke mit der Sahne glatt rühren. Die Rouladen aus dem Topf nehmen und warm stellen.

6. Die Sahne in die Flüssigkeit einrühren, einmal aufkochen und dann mit dem Pürierstab zu einer sämigen Soße verarbeiten. Mit Salz und Pfeffer abschmecken.

Norddeutsche Putenrouladen

Deftige Leibgerichte

Zutaten:

125 g Mehl
40 g Speisestärke
125 g Butter
250 ml helles Bier
4 Eier
1/2 TL Salz

Für die Fülle:
3 Hähnchenschnitzel
1 Schalotte
2 EL Öl
1/2 Bund Petersilie
250 ml helles Bier
50 ml süße Sahne
Salz
Pfeffer

Zubereitung:

1. Das Bier und das Salz in einen Topf geben und zum Kochen bringen. Die Butter zufügen und schmelzen. Das Mehl mit der Speisestärke vermischen, auf einmal unter Rühren zugeben, bis sich ein dicker Kloß bildet. Noch ein bis zwei Minuten weiterrühren.

2. Der Teig muss sich vollkommen vom Topfboden lösen, auf dem Topfboden muss sich ein leichter Film gebildet haben. Den Topf vom Herd nehmen und fünf Minuten abkühlen lassen. Mit einem elektrischen Rührgerät die Eier nach und nach unterrühren.

3. Den Teig in einen Spritzbeutel mit gezackter Tülle füllen. Auf ein mit Backpapier ausgelegtes Backblech Windbeutel spritzen.

4. Im vorgeheizten Backofen bei 180° C ca. 20 Minuten goldbraun backen. Von den Windbeuteln nach dem Backen eine Haube abschneiden und das Gebäck auskühlen lassen.

5. Die Schnitzel in Würfel schneiden. Die Schalotte schälen und fein hacken. Die Petersilie abbrausen, trockenschütteln und hacken.

6. Das Öl in einer Pfanne erhitzen, das Fleisch und die Schalotten darin anbraten. Mit Bier und Sahne aufgießen, einreduzieren, die Petersilie zugeben, mit Salz und Pfeffer würzen. Das Ragout in die Bierwindbeutel füllen und servieren.

Bierwindbeutel

Deftige Leibgerichte

Zutaten:

4 Eisbein
750 g Sauerkraut
2 Lorbeerblätter
5 Wacholderbeeren
5 Pimentkörner
1 l Hefe-Weißbier
2 EL Essig
Salz
Pfeffer

Zubereitung:

1. Das Fleisch mit den Gewürzen und 1/2 Liter Bier in einen Topf geben und je nach Dicke der Eisbeine 1 bis 1 1/2 Stunden köcheln.

2. Das Sauerkraut in einen runden Bräter geben, das Fleisch darauf setzen, den Sud und das restliche Bier hinzufügen und ca. 20 Minuten köcheln. Das Sauerkraut mit Salz, Essig und Pfeffer abschmecken.

3. Das Eisbein auf dem Sauerkraut servieren.

Gedünstetes Eisbein

Deftige Leibgerichte

Zutaten:

4 Hähnchenbrustfilets
2 EL Butterfett
4 Schalotten
1 Knoblauchzehe
250 ml Hefe-Weißbier
1 EL Honig
1 EL Essig
125 ml süße Sahne
Salz
Pfeffer

Zubereitung:

1. Die Schalotten und den Knoblauch schälen und fein hacken. Die Hähnchenbrustfilets salzen, pfeffern und in dem Bratfett leicht anbraten, bis sie etwas Farbe haben.

2. Schalotten und Knoblauch hinzufügen und wenige Minuten mitdünsten. Mit dem Bier ablöschen, Honig und Essig einrühren und im geschlossenen Topf 8–10 Minuten schmoren lassen.

3. Das Fleisch herausnehmen und warm stellen.

4. Die Sahne in die Soße einrühren, aufkochen lassen und mit Salz und Pfeffer abschmecken.

5. Die Hähnchenfilets auf Tellern anrichten und mit der Soße übergießen.

6. Tipp: Dazu schmecken Bandnudeln und ein grüner Salat.

Hähnchenbrust in Weißbiersoße

Deftige Leibgerichte

Zutaten:

1 kg Rinderbeinscheiben
2 EL Mehl
4 Karotten
4 Zwiebeln
4 Tomaten
3 EL Öl
2 Knoblauchzehen
2 l helles Bier
Thymian
Lorbeer
1 TL Salz
1/2 TL Pfeffer

Zubereitung:

1. Das Fleisch mit Salz und Pfeffer würzen und in Mehl wenden.

2. Die Karotten putzen, die Zwiebeln und den Knoblauch schälen, die Tomaten waschen und alles in mundgerechte Stücke schneiden.

3. Die Beinscheiben in einem Brattopf mit dem Öl kräftig anbraten, das Gemüse und die Gewürze zugeben, mit dem Bier aufgießen und alles im Backofen bei 180° C ca. zwei Stunden schmoren.

Geschmorte Beinscheiben

Deftige Leibgerichte

Zutaten:

2 Hähnchen
2 EL Öl
4 Äpfel
500 ml Exportbier
4 EL Johannisbeergelee
Paprikapulver edelsüß
Salz
Pfeffer

Zubereitung:

1. Die Hähnchen salzen und pfeffern, mit Paprikapulver einreiben.

2. Das Öl mit den Hähnchen in einen Bräter geben und ca. 25 Minuten braten, dabei immer wieder mit etwas Bier übergießen.

3. Die Äpfel waschen, entkernen und in Spalten schneiden. Die Hähnchen herausnehmen, halbieren und warm stellen.

4. Die Äpfel in den Bratenfond geben, kurz anbraten, das restliche Bier darüber gießen und das Johannisbeergelee unterrühren. Die Soße mit Salz und Pfeffer abschmecken.

5. Die Hähnchenhälften zusammen mit der Soße servieren.

Bier-Hahn

Deftige Leibgerichte

Zutaten:

2 Entenbrustfilets
300 g Backpflaumen
50 g brauner Zucker
3 Scheiben Ingwer
3 Gewürznelken
4 Sternanis
250 ml Pils
2 EL Pflaumenmus
Salz
Pfeffer

Zubereitung:

1. Die Entenbrust auf der Hautseite in schmalen Abständen kreuzweise diagonal einritzen.

2. Mit der Hautseite nach unten in eine Pfanne legen, anbraten, wenden und mit Salz und Pfeffer würzen. Die Entenbrust etwa 20 Minuten bei mittlerer Hitze braten, gelegentlich wenden.

3. Inzwischen die Pflaumen vierteln. Den Zucker in einem Topf karamellisieren, mit Bier ablöschen, Obst und Gewürze dazugeben, aufkochen, dann im offenen Topf etwa 10 Minuten einkochen. Das Pflaumenmus einrühren und das Ganze mit Salz und Pfeffer abschmecken.

4. Die Entenbrust aufschneiden und mit der Soße servieren.

Entenbrust

Deftige Leibgerichte

Zutaten:

1 kg Schweinenacken
500 g Wurzelgemüse (Möhren, Zwiebeln, Lauch, Sellerie)
2 Knoblauchzehen
2 Zweige Thymian
1 l dunkles Bier
2 EL Speisestärke
2 EL Schmalz
4 Stangen Lauch
1 EL Butter
1 Becher Crème fraîche
Salz
Pfeffer

Zubereitung:

1. Das Bier mit dem Wurzelgemüse, den Knoblauchzehen sowie den Kräuterzweigen aufkochen, den Schweinenacken damit übergießen und 24 Stunden beizen, gelegentlich wenden.

2. 250 ml Beize für das Lauchgemüse beiseite stellen, der Rest wird für den Braten benötigt.

3. Den Schweinenacken im Schmalz anbraten, das Wurzelgemüse aus der Beize zugeben. Anschließend im Backofen bei 160° C ca. eine Stunde schmoren. Immer wieder mit der Beize übergießen.

4. Das Fleisch aus dem Topf nehmen. Den Bratensaft durch ein Sieb abgießen und mit der Speisestärke binden, mit Salz und Pfeffer abschmecken. Den Braten wieder in die Soße legen.

5. Den Lauch putzen, waschen und in Ringe schneiden. Die Butter in einem Topf schmelzen, den Lauch zugeben und mit der Bierbeize aufgießen, ca. fünf Minuten dünsten. Die Crème fraîche unterrühren, das Gemüse mit Salz und Pfeffer würzen.

6. Den Braten aufschneiden und auf dem Lauchgemüse servieren.

Bierbraten auf Lauchgemüse

Deftige Leibgerichte

Zutaten:

8 Geflügelschenkel
4 EL mittelscharfer Senf
2 EL Bratfett
4 Karotten
250 g Champignons
1 Bund Petersilie
1 Bund Frühlingszwiebeln
500 ml Altbier
1 Becher Crème fraîche
Paprikapulver edelsüß
Salz
Pfeffer

Zubereitung:

1. Das Gemüse putzen und in mundgerechte Stücke schneiden. Die Petersilie abbrausen, trockenschütteln und hacken.

2. Die Geflügelschenkel mit einer Mischung aus 1/2 Teelöffel edelsüßem Paprika, 4 Esslöffeln Senf, Salz und Pfeffer einreiben.

3. Die Schenkel in heißem Fett unter Wenden ca. 10 Minuten braten und dann aus der Pfanne nehmen.

4. Die Karotten in dem Hähnchenfett anbraten, mit dem Bier ablöschen und das restliche Gemüse zugeben, ca. fünf Minuten köcheln.

5. Die Crème fraîche und die Petersilie einrühren, mit Salz und Pfeffer abschmecken. Die Geflügelschenkel auf das Gemüse legen und noch ca. 10 Minuten ziehen lassen, nicht mehr kochen.

Geflügelschenkel auf Biergemüse

Deftige Leibgerichte

Zutaten:

2 Brathähnchen
4 Knoblauchzehen
1 Bund Kräuter (Thymian, Basilikum, Rosmarin, Lavendel, Majoran)
4 EL Olivenöl
4 Schalotten
2 EL Tomatenmark
400 g Egerlinge
1 l helles Bier
Salz
Pfeffer

Zubereitung:

1. Die Hähnchen waschen und trockentupfen. Die Schalotten schälen und hacken.

2. Die Pilze putzen und in Stücke schneiden. Die Knoblauchzehen schälen und mit einem Messer zerdrücken.

3. Die Kräuter abbrausen und ausschütteln. Die Hähnchen mit Salz und Pfeffer würzen, die Kräuter und die Knoblauchzehen in die Bauchhöhle geben.

4. Das Olivenöl in einem Brattopf erhitzen und die Hähnchen von allen Seiten darin anbraten. Die Hähnchen mit dem Bier aufgießen und im Backofen bei 180° C ca. eine Stunde schmoren.

5. Den Topf aus dem Ofen nehmen, die Hähnchen zerteilen. Austretenden Bratensaft wieder in den Topf schütten, die Schalotten und die Pilze darin schmoren, das Tomatenmark einrühren, mit Salz und Pfeffer abschmecken.

Brathähnchen „französische Art"

Deftige Leibgerichte

Zutaten:

4 Fischfilets
2 EL Zitronensaft
12 Estragonzweige
2 Schalotten
750 ml Kristall-Weizenbier
50 g Mehl
1 Becher Crème fraîche
2 Eigelb
2 EL Senf
500 g Karotten
1 EL Butter
Salz, Pfeffer

Zubereitung:

1. Die Schalotten schälen und in kleine Würfel schneiden. Die Estragonblätter von den Stielen zupfen, vier Zweige auf die Seite legen.

2. 500 ml Bier in einem Topf erhitzen, die Estragonblätter zugeben und einmal aufkochen.

3. Die Butter in einem Topf schmelzen, die Schalotten andünsten, das Mehl einrühren, mit dem Biersud aufgießen, unter Rühren einmal aufkochen.

4. Die Crème fraîche, die Eigelbe und den Senf in die Soße einrühren, mit einem Pürierstab aufschäumen, mit Salz und Pfeffer würzen. Die Soße sollte nicht mehr kochen, da sonst das Eigelb gerinnt.

5. Die Fischfilets küchenfertig machen, mit Zitronensaft einreiben, mit Salz und Pfeffer würzen. Die Filets auf den Dämpfeinsatz eines Topfes legen, je einen Estragonzweig auf die Fischfilets geben und 250 ml Bier angießen. Bei geschlossenem Deckel ca. sieben Minuten dünsten.

6. Die Karotten schälen, mit dem Schäler lange dünne Streifen schneiden. Butter in einem Topf schmelzen und die Karottenbänder kurz anbraten.

7. Alles zusammen servieren.

Fischfilets in Estragon-Biersoße

Deftige Leibgerichte

Zutaten:

100 g Senfkörner
500 ml Malzbier
30 g Butter
1 kg Sardinen
3 EL Mehl
3 EL Olivenöl
Muskat
Salz
Pfeffer

Zubereitung:

1. Die Senfkörner über Nacht in 200 ml Malzbier einweichen.

2. Das restliche Malzbier auf die Hälfte einkochen, die Senfkörner mit dem Bier dazugeben und weitere 10 Minuten köcheln.

3. Die Sardinen küchenfertig machen, in Mehl wälzen und in einer Pfanne mit Olivenöl braten.

4. Die Fische mit der Soße übergießen und servieren.

Sardinen mit Bier-Senf-Soße

Süßes zum Schluss

Zutaten:

125 g Mehl
40 g Speisestärke
125 g Butter
250 ml helles Bier
4 Eier
2 EL Vanillezucker

Für die Creme:
3 Eigelb
4 EL Zucker
1 Limette
150 ml helles Bier

Zubereitung:

1. Das Bier und den Zucker in einen Topf geben und zum Kochen bringen. Die Butter zufügen und schmelzen.

2. Das Mehl mit der Speisestärke vermischen, auf einmal unter Rühren zugeben, bis sich ein dicker Kloß bildet. Noch ein bis zwei Minuten weiterrühren.

3. Der Teig muss sich vollkommen vom Topfboden lösen, auf dem Topfboden muss sich ein leichter Film gebildet haben. Den Topf vom Herd nehmen und fünf Minuten abkühlen lassen. Mit einem elektrischen Rührgerät die Eier nach und nach unterrühren.

4. Den Teig in einen Spritzbeutel mit gezackter Tülle füllen. Auf ein mit Backpapier ausgelegtes Backblech kleine Windbeutel spritzen.

5. Im vorgeheizten Backofen bei 180° C ca. 15 Minuten goldbraun backen.

6. Von der Limette die Schale abreiben. Die Eigelbe in einer Schüssel mit dem Zucker und der Limettenschale schaumig aufschlagen. Die Schüssel in ein warmes Wasserbad setzen – das Wasser darf nicht kochen –, das Bier nach und nach einrühren.

Süße Windbeutel

Süßes zum Schluss

Zutaten:

4 säuerliche Äpfel
1 Zitrone
2 EL Mehl

Für den Bierteig:
150 g Mehl
1 Ei
1 Eigelb
2 EL Zucker
125 ml Bier
50 g Mehl
Butterschmalz zum Ausbacken
Puderzucker zum Bestreuen

Zubereitung:

1. Das Mehl, das Ei und das Eigelb mit dem Bier zu einem glatten, nicht zu dünnen Teig verrühren. Mit Zucker abschmecken, den Teig etwas ruhen lassen.

2. Die Zitrone auspressen. Die Äpfel schälen, die Kerngehäuse ausstechen und die Äpfel in ca. 1 cm starke Scheiben schneiden, mit Zitronensaft beträufeln.

3. Die Apfelscheiben in Mehl wälzen, durch den Bierteig ziehen, sofort ins mäßig heiße Butterschmalz geben und schwimmend ca. fünf Minuten goldgelb ausbacken.

4. Die Apfelküchle mit Puderzucker bestreut servieren.

Apfelküchle aus Bierteig

Süßes zum Schluss

Zutaten:

3 Orangen
5 Blatt weiße Gelatine
250 ml Pils
120 g Zucker
2 Eiweiß
150 g süße Sahne
100 g Erdbeeren

Zubereitung:

1. Von den Orangen die Schale abreiben und die Orangen auspressen. Gelatine in kaltem Wasser einweichen.

2. Das Bier, den Orangensaft, die Orangenschale und den Zucker aufkochen, dann im offenen Topf auf 1/4 l Flüssigkeit einkochen.

3. Die Gelatine ausdrücken und im heißen Biersud auflösen, den Biersud auf 30° C auskühlen lassen. Das Eiweiß steif schlagen, den Sud unter Rühren nach und nach dazugeben, kühl stellen.

4. Sobald die Masse zu gelieren beginnt, die Sahne steif schlagen und unterheben. Die Creme kühl stellen und fest werden lassen.

5. Mit einem kalten Löffel Nocken abstechen und auf Teller verteilen. Mit den Erdbeeren servieren.

Orangen-Bier-Mousse

Register

Altdeutsche Biersuppe	16
Apfelküchle aus Bierteig	80
Aufgeschmalzte Brotsuppe	14
Bäckerofen	48
Belgischer Biereintopf	46
Bier-Hahn	64
Bierbeize	36
Bierbraten auf Lauchgemüse	68
Bierkoteletts	44
Bierkraut mit Schweinebauch	42
Bierkrustenbraten	50
Bierleber	34
Bierschaumsuppe mit Kürbis	12
Bierwindbeutel	56
Brathähnchen „französische Art"	72
Champignons in Bierteig	28
Entenbrust	66
Fischfilets auf Spargelsalat	18
Fischfilets in Estragon-Biersoße	74
Flämisches Bierfleisch	40
Flammkuchen	26
Fleischterrine mit Meerrettichsoße	22
Gedünstetes Eisbein	58
Geflügelschenkel auf Biergemüse	70
Geschmorte Beinscheiben	62
Hähnchenbrust in Weißbiersoße	60
Hühnerkeulen in Bierteig	30
Leber in Apfel-Biersoße	32
Marinierte Spareribs	38
Münchner Obatzder	24
Norddeutsche Putenrouladen	54
Orangen-Bier-Mousse	82
Paprika-Bier-Hacksteaks	52
Sardinen mit Bier-Senf-Soße	76
Süße Windbeutel	78
Tellersülze	20

© 2003 SAMMÜLLER KREATIV GmbH

Genehmigte Lizenzausgabe
EDITION XXL GmbH
Reichelsheim 2003

Fotos: Food in Wort und Bild, Sigmarszell
Küche: Corinna Brunner
Satz: Marcel Just
Layout: Mathias Weil

ISBN 3-89736-130-2

Der Inhalt dieses Buches ist von Autor und Verlag sorgfältig erwogen und geprüft.
Eine Haftung für Personen-, Sach- und/oder Vermögensschäden kann nicht übernommen werden.

Wir danken Braumeister Franz Xaver Hammrich für die Bereitstellung seiner umfangreichen Krugsammlung.